## BOILLY (L.)

22 — Les Perruques. Composition de quatre figures.

An crayon noir et à l'estompe, avec rehauts de blanc. A été lithographié.

23 — La Partie de cartes. Composition de trois figures.

Beau dessin au crayon noir et à l'estompe. Encadré. A été lithographié.

## BOISSIEU (J.-J. DE)

24 — Homme assis, coiffé d'un tricorne, et appuyé sur sa canne.

A la mine de plomb. Gravé dans l'œuvre du maître. Marque de collection.

25 — Homme assis, coiffé d'un tricorne, vu de face et tenant un verre de la main droite.

A la mine de plomb. Gravé dans l'œuvre du maître. Marque de collection.

26 — La Grotte du Pausilippe.

Au lavis d'encre de Chine. Marque de collection.

27 — Paysage des environs de Lyon.

Beau dessin au lavis d'encre de Chine. Encadré.

## BONINGTON (R.-P.)

28 — Paysage. Marine avec figures.

A l'aquarelle.

29 — Jeune homme portant un chien, et donnant le bras à une jeune fille.

A l'aquarelle.

30 — La Lecture. Composition de deux figures.

A l'aquarelle. A été lithographié.

31 — Dame et seigneurs vénitiens.

A l'aquarelle.

## BOUCHER (F.)

32 — Femme tenant un masque de la main gauche.

Au lavis d'encre de Chine.

### BOUCHER (F.)

33 — Adoration des Bergers. Composition importante.

Au lavis de sanguine. Encadré.

34 — Femme nue, à demi couchée, tenant une colombe.

A la sanguine et à la pierre noire. Signé Boucher, 1743. Encadré.

35 — Deux dessins sur la même feuille. Têtes de jeunes filles.

A la pierre noire et au lavis de bistre.

36 — Vestales implorant la clémence des grands-prêtres. Composition de huit figures.

Beau dessin à la plume et au lavis de bistre.

37 — Femme vue de dos; elle semble danser devant un public qu'on ne voit pas.

Aux crayons noir et blanc. Encadré.

38 — Jeune garçon portant un panier de fleurs.

Dessin aux trois crayons et à l'estompe.

39 — Jeune fille portant une corbeille de fleurs.

Dessin aux trois crayons et à l'estompe.

40 — Pastorale. Architecture, figures et animaux dans un paysage.

Beau dessin à la sanguine.

41 — Paysage avec figures et animaux. Importante composition.

A la pierre noire et à l'estompe, avec rehauts de blanc, sur papier gris. Encadré.

### BOULANGER (G.)

42 — Le Tintoret donnant une leçon à sa fille Maria.

Au crayon noir et à l'estompe, avec rehauts de blanc. Signé J. B., 1845. Encadré.

### CALLOT (J.)

43 — Mendiante allaitant son enfant.

A la plume.

44 — Un Prêche de protestants.

A la plume, avec quelques touches de lavis de terre de Sienne.

## CARESME (J.-Ph.)

45 — Scène libre. Composition de trois figures.

Superbe aquarelle gouachée. Signée Ph. Caresme.
*Sera vendue sous enveloppe.*

## CAUVET (G.-P.)

46 — Ornement, forme carrée.

A la plume et au lavis de bistre.

47 — Ornement en hauteur.

A la plume, lavé d'aquarelle.

48 — Ornement en hauteur, avec figures.

A la plume, lavé d'aquarelle.

49 — Ornement en hauteur.

A la plume, lavé d'aquarelle.

## CHARDIN (S.)

50 — Les Amateurs de livres. Composition de trois figures.

A la plume, lavé de bistre. Signé sur le dos de la chaise.

## CHARLET (N.-T.)

51 — La route de Pantin. Composition de deux figures.

A l'aquarelle. Signé, daté.

## CHAUVEAU (F.)

52 — Réception d'une ambassade française en Chine. Composition animée de nombreuses figures.

A la plume, lavé d'encre de Chine. Encadré.

## CLODION (C.-M.)

53 — Borée enlevant Orythie. Bas-relief.

Beau dessin à la sanguine. Encadré.

54 — Bacchanale. Composition de plusieurs figures pour bas-relief.

Beau dessin à la sanguine. Encadré.

### COLIN (A.)

55 — Odalisque.

A l'aquarelle. Signé. Encadré.

### COURTOIS (J., le Bourguignon)

56 — Bataille.

Au lavis de bistre. Encadré.

57 — Bataille.

Au lavis de bistre. Encadré.

### DAUMIER (H.)

58 — Les Lutteurs.

A la plume, lavé d'aquarelle. Signé du monogramme.

### DAVID (L.)

59 — Portrait d'homme avec dédicace : L. David à son ami Delanoy.

A la pierre noire. Encadré.

### DEBUCOURT (Ph.-J.)

60 — Les Gens gras. Amusante composition.

A la plume, lavé d'aquarelle. Encadré.

61 — Plaideurs venant solliciter un procureur.

Beau dessin à la plume, lavé d'aquarelle. Encadré.

### DECAMPS (A.-G.)

62 — Paysage avec un chasseur.

A l'aquarelle.

### DELAFOSSE (J.-Ch.)

63 — Façade d'un monument avec escalier et colonnade. Nombreuses figures.

A la plume, lavé d'encre de Chine, et à l'aquarelle. Signé J. C. Delafosse Arch.

64 — Dessin allégorique. Emblème de la puissance papale.

A la plume, vigoureusement lavé de bistre. Gravé.

## DELAROCHE (P.)

65 — Scène champêtre. Composition de trois figures.

Dessin gouaché.

## DELAUNE (E.)

66 — Composition pour un fond d'assiette ou de plat.

A la plume et au lavis d'encre de Chine.

## DESFRICHES (L.)

67 — Paysage avec figures.

Dessin à la mine de plomb, avec rehauts de blanc. Signé et daté.

68 — Paysage avec figures.

Dessin à la mine de plomb, avec rehauts de blanc. Signé et daté.

## DESIGNOLLE (P.)

69 — Femme assise dans un intérieur, tournant le dos à une fenêtre. Époque Louis XV.

A l'aquarelle.

## DUCHÉ DE VAUCY

70 — Jeune femme à sa toilette.

A la mine de plomb. Ovale sur vélin. Encadré. Signé, daté 1777.

71 — Femme debout, tenant un vase de fleurs.

A la mine de plomb. Signé, daté 1776.

72 — Invocation à l'Amour.

Joli dessin ovale à la sanguine. Signé, daté 1782.

## DUMONSTIER

73 — Portrait de femme.

A la pierre noire et à l'aquarelle. Collection Mariette.

74 — Portrait de Pascal.

A la pierre noire et à l'aquarelle. Encadré.

## DUPLESSI-BERTAUX (S.)

75 — Une Bataille de la Révolution.

Joli dessin à la mine de plomb. Encadré.

### DUPONT (Henriquel)

76 — Portrait de Louis-Philippe.

A la mine de plomb. Encadré.

### EISEN (Ch.)

77 — Écusson entouré de petites figures.

A la sanguine.

78 — Important dessin pour illustration.

A la mine de plomb, sur vélin.

79 — Enfants jouant.

A la pierre noire, sur papier gris. Forme de frise.

80 — Composition pour l'illustration d'un atlas : carte de Paris à Brest et de Brest à Tobolsk, en Sibérie.

A la plume et au lavis d'encre de Chine.

81 — Trois têtes d'enfants. L'un, vu de profil, dort, les deux autres vus de face.

Beau dessin au lavis de bistre et à l'aquarelle, sur papier de couleur.

### FRAGONARD (J.-H.)

82 — Quatre dessins dans le même cadre.

A la plume, lavé d'encre de Chine.

83 — Satyre épiant une femme endormie. Composition de trois figures.

A la plume et au lavis de bistre. Encadré.

84 — Auprès d'un pont, une nombreuse société s'amuse à faire rapporter à un chien un morceau de bois qu'on jette à l'eau.

A la sanguine.

85 — Paysage avec des ruines, figures et animaux.

A la plume et au lavis d'encre de Chine. Exécuté par Fragonard dans son voyage en Italie.

86 — La Famille du berger. Composition de six figures.

A la sanguine. Signé Frago. Encadré.

### FRAGONARD (J.-H.)

87 — Fontaine en forme de vase, dominant une vasque ; sur la panse court une ronde d'enfants.

A la plume, énergiquement lavé de bistre.

88 — Douze dessins dans le même cadre.

Très vigoureusement exécutés à la plume.

89 — Intérieur d'atelier. Composition de cinq figures ; effet de lumière.

Au lavis de bistre avec rehauts de blanc. Signé Frago.

90 — Paysage avec figures et animaux.

Exécuté d'une plume rapide et lavé de bistre.

### GAMELIN (J.)

91 — Réunion d'enfants. Composition de six figures.

Au lavis de bistre.

92 — Bataille. Le sujet est tiré du dixième livre de l'Énéide.

Au lavis d'encre de Chine. Signé Gamelin, an VIII. Encadré.

93 — Bataille. Le sujet est tiré du onzième livre de l'Énéide.

Au lavis d'encre de Chine. Signé Gamelin, an VIII. Encadré.

### GAVARNI

94 — ~~Pierrot et Pierrette dansant.~~

~~A la plume et à l'aquarelle. Encadré.~~

95 — ~~Pierrot et Pierrette dansant.~~

A la plume et à l'aquarelle. Encadré.

### GELÉE (Claude, dit le Lorrain)

96 — Étude d'arbre.

A la plume, lavé de bistre.

97 — Paysage. Un homme assis dessine au pied d'un arbre.

A la pierre noire, lavé de bistre.

### GÉRARD (le baron F.)

98 — L'Amour s'efface par un long oubli. (Pétrarque.)

Au crayon noir et à l'estompe. Avec la gravure, on lit au bas du dessin : octobre 1816.

## GÉRICAULT (Th.)

99 — Dessin à double face. Homme terrassant une femme. — Satyre étreignant une femme.

A la plume, vigoureusement lavé de bistre, avec rehauts de blancs.

## GILLOT (C.)

100 — Singe mendiant.

A l'aquarelle.

101 — Singe tenant un masque d'une main et une marotte de l'autre.

A l'aquarelle.

## GIRODET-TRIOSON (A.-L.)

102 — Portrait de Mlle Georges, la tragédienne.

Fin dessin à la mine de plomb. Ce dessin a été coupé; on lit encore à gauche le nom : Trioson.

103 — Trophées des vainqueurs de la Bastille.

A gauche, la tête du marquis de Launay, gouverneur de la Bastille. A droite, la tête de Foulon, conseiller d'État, un œil hors de l'orbite et du foin dans la bouche. Au milieu la chevelure de Berthier de Sauvigny, intendant de Paris, au bout d'une pique. Les inscriptions à l'encre, qui se voient sur ce dessin ont été ajoutées par Girodet, qui s'est plu à écrire que les têtes figurées étaient celles de quelques soldats de Maxence dans la Bataille de Constantin que Raphael a peinte au Vatican, sans aucun doute pour dépister les importuns dans le cas d'une visite domiciliaire.

Voir à la Bibliothèque nationale, *Histoire de France*, tome CXVIII, page 55, un dessin de Girodet presque semblable.

A la pierre noire.

## GRANDVILLE (J.-J.)

104 — La duchesse de Berry et la duchesse d'Angoulême allant à la messe. Composition de cinq figures.

A la plume. Gravé. Ce dessin porte le timbre sec de la vente de l'artiste.

105 — L'acteur Lepeintre à table, entouré de victuailles.

A la plume, lavé d'aquarelle. Signé du monogramme.

### GRAVELOT (H.)

106 — Composition pour une voiture de fantaisie.

A la plume.

107 — Figure pour l'illustration d'un livre sur les Jeux Floraux.

A la plume, lavé de bistre.

### GREUZE (J.-B.)

108 — Savoyarde de Montmélian.

A la plume, lavé d'encre de Chine. Gravé par Moitte; avec la gravure.

109 — Savoyarde de Lanslebourg.

A la plume, lavé d'encre de Chine. Gravé par Moitte; avec la gravure. Ces deux dessins ont fait partie du cabinet de l'abbé Gougenot. Ils ont été faits par Greuze pendant son voyage en Italie.

110 — La Frileuse.

Au lavis d'encre de Chine. Gravé par A. Moitte; avec la gravure.

111 — Paysanne de la Bresse tenant son enfant sur ses genoux.

A la plume, lavé d'aquarelle.

### HENNEQUIN (Ph.-Aug.)

112 — Napoléon Ier mettant la couronne impériale sur la tête de l'impératrice Joséphine, à Notre-Dame, en 1804.

Dessin à la plume et au lavis de bistre rehaussé de blanc. Signé.

### HOUEL (J.-P.-L.)

113 — Vue de la litholisation publique de M. Valmont de Bomare en 1766. Composition avec beaucoup de figures et d'animaux.

A la plume, lavé d'aquarelle. Signé. Encadré.

### HUET (J.-B.)

114 — Jeune fille à la fontaine.

A la plume et au lavis de bistre. Encadré.

### J. (1765)

115 — Architecture avec figures.

A la plume, lavé de bistre. Signé J., 1765.

## ISABEY (J.-B.)

116 — Préparation pour une miniature (Portrait de Girodet).

A l'aquarelle. Encadré.

117 — Projet d'ameublement de salon pour l'impératrice Marie-Louise, aux Tuileries.

A l'aquarelle.

118 — Chez le Barbier. Charge. Composition de deux figures.

A la plume, lavé d'aquarelle. Signé. Avec la lithographie coloriée.

119 — La Rencontre. Charge. Composition de deux figures.

A la plume, lavé d'aquarelle. Signé. Avec la lithographie coloriée.

120 — La charge de Vestris, le célèbre danseur.

A la plume, lavé d'aquarelle.

## LAGNEAU

121 — Tête d'homme vu de profil, regardant à droite.

A la pierre noire, légèrement lavé d'aquarelle. Collection Desperet. Encadré.

122 — Tête de vieillard.

Beau dessin à la pierre noire, légèrement aquarellé.

## LAJOUE

123 — La Fête dans le parc. Composition avec beaucoup de figures.

A l'aquarelle gouachée.

## LANCRET (N.)

124 — Étude de figures d'hommes. Trois personnages dans différentes attitudes.

A la pierre noire, à la sanguine, avec rehauts de blanc, sur papier gris. Encadré.

125 — Jeune femme debout, la main droite étendue, la gauche retenant sa robe.

Beau dessin à la pierre noire rehaussé de blanc. Très terminé.

## LANTARA (S.-M.)

126 — Paysage. Marine avec figures. Effet de clair de lune.
A la pierre noire. Signé.

127 — Paysage. Effet de clair de lune.
A la pierre noire. Encadré.

## LAWREINCE

128 — La Partie de campagne. Étude.
A la plume, lavé d'aquarelle.

129 — Chez la Marchande à la toilette.
A l'aquarelle et à la gouache. Encadré.

## LE BARBIER (J.-J.-F.)

130 — Paysage avec figures et architecture.
A la plume et à l'aquarelle. Signé Le Barbier l'aîné, 1778.

## LEBAS (J.-P., graveur du roi)

131 — Portrait d'Anne-Angélique Lamesle, femme du graveur S. F. Ravenet.
A la mine de plomb et à la sanguine, sur vélin. Encadré.

## LEMOINE

132 — Portrait d'homme.
Aux trois crayons. Signé Lemoine del. 1777. Ovale. Encadré.

133 — Portrait de femme.
Aux trois crayons. Signé Lemoine del. 1777. Ovale. Encadré.

## LE MOINE (F.)

134 — Jupiter et Léda.
A la pierre noire avec rehauts de blanc, sur papier gris. Étude pour dessus de porte.

135 — Jupiter et Antiope.
A la plume noire avec rehauts de blanc, sur papier gris. Étude pour dessus de porte.

### LÉPICIÉ (B.)

136 — Jeune fille tricotant.

Aux trois crayons.

### LEPRINCE (J.-B.)

137 — Paysage avec figures.

Au lavis de bistre. Signé Le Prince, 1779.

138 — Jeux d'enfants.

A la mine de plomb. Signé Le Prince.

139 — Attelage de labour.

Au lavis de bistre. Signé, daté 1777. Encadré.

140 — La Diseuse de bonne aventure. Composition de sept figures.

Au lavis de bistre et d'encre de Chine. Encadré.

### LEPRINCE (Xavier)

141 — Le Théâtre des marionnettes.

Au lavis de sépia avec rehauts de blanc. Signé A. X. Leprince, 1820.

### LEQUEU (J.-J.)

142 — Encadrement pour des prières.

Au lavis d'encre de Chine avec rehauts de blanc.

### MACHY (P.-A DE)

143 — Monuments en ruines, avec figures.

A la plume, à l'aquarelle et à la gouache. Encadré.

144 — Monuments en ruines, avec figures.

A la plume, à l'aquarelle et à la gouache. Encadré.

145 — Ruines avec figures et animaux.

Ovale à la gouache. Signé de Machy, 1780.

### MALLET (J.-B.)

146 — Psyché enlevée par les Amours. Charmante composition.

Au crayon noir, à l'estompe, avec rehauts de blanc. A été lithographié.

### MANGLARD (A.)

147 — Vue d'une ville d'Italie, avec figures.

A la plume, lavé d'encre de Chine. Encadré.

### MARILHAT (P.)

148 — Syriens en voyage.

A l'aquarelle.

### MAUZAISSE (J.-B.)

149 — Étude pour son tableau du musée de Versailles, la bataille de Fleurus.

A la plume, lavé de sépia. Signé, daté 1835. Encadré.

### MIGNARD (P.)

150 — Le Parnasse.

Beau dessin à la sanguine avec rehauts de blanc. A été tiré aux carreaux. Encadré.

### MONGIN (P.-A.)

151 — Ancienne vue du parc Monceaux.

A la gouache. Signé P. Mongin, 1792. Encadré.

### MONNET (C.)

152 — Charmante petite composition allégorique.

Fin dessin à la mine de plomb. Signé, daté.

### MOREAU (J.-L., l'aîné)

153 — Paysage et figures.

Au bistre. Forme ronde. Encadré.

### MOREAU (J.-M., le jeune)

154 — Portrait de jeune femme.

A la pierre noire, à la sanguine, avec rehauts de blanc. Forme ronde. Encadré.

155 — Paysage avec architecture et figures.

Au lavis de bistre. Signé, daté 1770. Encadré.

156 — Le tête-à-tête. Deux personnages dans un intérieur Louis XVI.

Superbe gouache. Cadre en bois sculpté.

### NATOIRE (Ch.)

157 — Nymphe assise, tenant un thyrse à la main.

A la pierre noire, avec rehauts de blanc, sur papier gris. Gravé. Encadré.

158 — Composition de six figures, pour un dessus de porte.

A la pierre noire, rehaussé de blanc, sur papier gris.

### NORBLIN DE LA GOURDAINE (F.)

159 — Le Montreur de lanterne magique, la marchande d'aiguilles; costumes du XVIII^e siècle.

A l'aquarelle.

160 — Le Marchand d'images. Costumes du XVIII^e siècle.

A l'aquarelle.

### PAPETY (D.)

161 — Le Marchand de chiffons.

A l'aquarelle.

162 — Femme appuyée contre une porte.

A l'aquarelle.

### PATEL (A.)

163 — Paysage avec figures.

A la gouache. Signé, daté A. Patel, 1693. Collection du marquis de Lagoy.

164 — Paysage avec figures.

A la gouache. Signé, daté A. Patel, 1693. Collection du marquis de Lagoy.

### PERNAY

165 — Architecture et personnages. (Forme ovale).

A la plume et à l'aquarelle.

### PIERRE (J.-M.)

166 — Scène biblique.

Beau dessin à la plume, lavé de bistre et rehaussé de blanc. Encadré.

### PILLEMENT (J.)

167 — Paysage avec figures et animaux.

Bon dessin à la pierre noire. Signé Jean Pillement.

### PILON (G.)

168 — Ornement.

A la plume, lavé de bistre. Marque de collection.

### PILS (J.)

169 — Moine en prière devant une croix rustique.

A l'aquarelle. Signé Isidor Pils, 1847.

### POUSSIN (N.)

170 — Vénus et Adonis. Composition importante.

Beau dessin à la plume, lavé de bistre, exécuté pour le chevalier Marini, protecteur du Poussin, pour son poème *Vénus et Adonis*. Ce dessin est de la première manière du Poussin, avant qu'il eût vu l'Italie.

### PRUDHON (P.-P.)

171 — Tête de satyre.

Au fusain. (Vente Marcille.) Encadré.

172 — La Chasseresse.

Au crayon noir, rehaussé de blanc, très terminé. Pour l'ouvrage de Lucien Bonaparte : *la Tribu indienne*. Gravé. Signé Prudhon. Avec une copie de la gravure. Encadré.

### RAFFET

173 — Le Gros Major.

A l'aquarelle. Signé Raffet.

174 — Soldats anglais. Études faites à Gibraltar.

Deux dessins, sur la même feuille, à l'aquarelle. (Vente San-Donato.)

### RANSON

175 — Lettres entrelacées, avec ornement de guirlande de roses.

A la plume, lavé d'aquarelle et touches de gouache.

176 — Guirlande de fleurs et de fruits. Pièce en travers.

Superbe dessin à la gouache. Encadré.

### ROBERT (H.)

177 — Un personnage contemple des ruines.

A la sanguine. Signé sur une pierre : Robert, 1774. Collection Fourau. On lit sur la marge, de la main du maître : du jeudy 10 janvier 1774.

178 — Paysage avec ruines et une baigneuse.

A la plume, lavé d'aquarelle.

### SCHALL (Ch.-M.)

179 — Jeune femme à sa fenêtre ; effet de clair de lune.

Gracieux dessin à la gouache.

### SCHEFFER (Ary)

180 — Épisode de la guerre des Grecs contre le Turcs. Un Combat dans les défilés. Étude.

A la plume, lavé de sépia, sur toile. Encadré.

### SLODTZ (R.-M.)

181 — Arc de Triomphe dressé à l'occasion du mariage du Dauphin, en février 1745.

Beau dessin à la plume lavé d'aquarelle, avec rehauts de gouache. Encadré.

### SYLVESTRE (L.)

182 — Prométhée sur son rocher.

A la sanguine. Gravé.

### SWEBACH-DESFONTAINES (J.)

183 — Cavaliers en marche.

Dessin à la plume, lavé de bistre et rehauts de blanc. Encadré.

### TAUNAY (N.)

184 — Les Oies du frère Philippe.

Fixé. Encadré.

185 — Fête de village. Composition animée d'un nombre considérable de figures.

A la plume et à l'aquarelle. Encadré.

### TRINQUESSE (L.)

186 — Femme assise jouant de la harpe.

A la sanguine.

187 — Portrait du peintre Pierre Guérin.

Beau dessin à la sanguine. Forme ronde.

188 — Femme assise, les pieds sur un coussin.

A la pierre noire, avec rehauts de blanc.

189 — Le Rendez-vous dans le parc. Composition de trois figures.

Joli dessin à la gouache. Encadré.

### VANLOO (Carle)

190 — Intérieur d'atelier. Composition de sept figures.

A la plume.

191 — Buste de jeune femme, la figure de profil.

Pierre noire et sanguine.

### VERNET (Carle)

192 — La Route de la ville. Composition de quatre figures.

Au lavis d'encre de Chine et à l'aquarelle. Signé.

193 — Le Délassement des politiques.

Au crayon noir. A été gravé dans *les Caricatures parisiennes.*

### VERNET (Joseph)

194 — Baigneuse dans un paysage.

A la plume, à la pierre noire et au lavis d'encre de Chine. Collection du marquis de Lagoy.

195 — Le Chemin du Calvaire. Composition avec de nombreuses figures.

Très belle gouache. Signée : fait par J. Vernet l'aîné, 1765. Encadré.

### VINCENT (A-P.)

196 — Portrait de Saint-Fal, de la Comédie-Française.

Belle miniature à l'aquarelle. Signé A. P. Vincent, 1818. Encadré.

### WATTEAU (A.)

197 — Tête de femme.

A la pierre noire et à la sanguine.

### WATTEAU, DE LILLE (L.)

198 — Costumes du XVIIIe siècle.

A la plume et au lavis de bistre.

199 — Jeune Femme debout, en costume Louis XVI.

A la mine de plomb.

### WILLE

200 — Composition pour illustrer les Rats de Segrais.

Dessin à la plume, lavé de bistre.

---

## SUPPLÉMENT

Les dessins ci-dessous seront, en outre, vendus sous les numéros suivants :

### ALLOU

8 *bis* — L'acteur Josselin dans *la Coupe enchantée.*

A la sanguine.

### COCHIN (C.-N., le fils)

54 *bis* — Le Maçon. Composition de trois figures.

A la plume. Gravé par Ravenet, avec la gravure.

54 *ter* — La Charbonnière. Composition de trois figures.

A la plume. Gravé par Ravenet, avec la gravure.

### COYPEL (CH.)

57 *bis* — Entrée de Sancho dans l'île de Barataria.

Aux trois crayons. Gravé par L. Surugue en 1724. Exécuté en tapisserie des Gobelins dans la suite de l'Histoire de Don Quichotte.

### DUPLESSI-BERTAUX (S.)

75 *bis* — Grenadier de la garde nationale parisienne.

A la mine de plomb.

**DUPLESSI-BERTAUX** (S.)

75 *ter* — Caporal du corps d'arquebuse.

A la mine de plomb.

**GÉRICAULT** (Th.)

98 *bis* — Forgeron maîtrisant un cheval.

A la plume.

**HUET** (J.-B.)

114 *bis* — Le Dîner. Composition de huit figures.

A la plume. Signé, daté : J. B. Huet, 1787.

114 *ter* — Le Souper. Composition de dix figures.

A la plume. Signé, daté : J.-B. Huet, 1787. Ces deux dessins ont été gravés en couleurs par Bonnet.

**ISABEY** (J.-B.)

117 *bis* — Costume pour M$^{me}$ Gavaudan. Rôle du page, dans *Valentin*.

A la mine de plomb et au lavis de sépia.

**JOLY**

120 *bis* — Portrait de l'acteur Hippolyte dans le rôle de Pierrot.

A la plume et à l'aquarelle, avec la gravure.

**MOREAU** (J.-M., le jeune)

153 *bis* — Homme en pied, l'épée au côté.

A la mine de plomb et au lavis d'encre de Chine.

**VERNET** (Carle)

193 *bis* — Les acteurs Lepeintre et Odry.

A l'aquarelle.

---

Paris. — Imprimerie Pillet et Dumoulin, 5, rue des Grands-Augustins.

www.ingramcontent.com/pod-product-compliance
Ingram Content Group UK Ltd.
Pitfield, Milton Keynes, MK11 3LW, UK
UKHW021153230726
13926UKWH00001B/80